Catharina Roland

AWAKE

DIE ESSENZ

Catharina Roland

AWAKE

DIE ESSENZ

TRINITY

© 2013 Trinity Verlag in der Scorpio Verlag
GmbH & Co. KG, Berlin • München
Umschlaggestaltung: Guter Punkt, München
Covermotiv: © earth adimas, fotolia
Illustrationen im Innenteil: © Shutterstock
Layout und Satz: Veronika Preisler, München
Druck und Bindung: Sellier, Freising
ISBN 978-3-95550-031-3

www.trinity-verlag.de

Inhalt

Unsere limitierenden Überzeugungen

Die Freiheit, sich zu ändern

»Die Menschheit steht kurz vor ihrer Wiedergeburt. Wir machen die Erfahrung eines langsamen, aber machtvollen Wandels der Energien auf dieser Erde. Dieser Wandel wird alles einbeziehen – das Finanzsystem, unsere politischen und sozialen Systeme, vor allem aber unsere Spiritualität. Doch am Ende werden wir uns neu erschaffen, in einem Zustand, in dem wir das Höchstmaß unserer Potenziale entfaltet haben.«

Neale Donald Walsch

»Die traditionelle Wissenschaft hat uns zu Opfern gemacht, weil sie davon ausgegangen ist, es gebe äußere Kräfte, die uns beeinflussen und kontrollieren, zum Beispiel unsere Gene. Neuere Forschungen beweisen das Gegenteil: Die Gene werden von unseren Sichtweisen bestimmt. Wenn man das begreift, wird man zum Meister der eigenen Biologie. Man versteht plötzlich, dass man die Freiheit hat, seine Überzeugungen und Gefühle zu ändern. Aber die Leute hören das nicht so gern, weil das letztlich bedeutet, dass wir selbst für unser Leben verantwortlich sind.«

Bruce Lipton

Die Macht der Gedanken

»Was auch immer gerade passiert, wir sollten es
stets frisch und neu zulassen. Doch was tun wir?
Wir pressen jede Erfahrung in den gewohnten Rahmen
der Gedanken, weil wir meinen, dass unser Leben dann
besser funktioniert. Doch Gedanken sind ein Gefängnis.
Sie hindern uns, die Welt wirklich wahrzunehmen.«

Jackie O'Keeffe

der Gedanken

»Wir neigen dazu, uns mit unseren Gedanken zu identifizieren – und gehen davon aus, dass sie richtig sind. Wenn jemand etwas anderes denkt, greifen wir ihn deshalb an. Dabei verkennen wir, dass wir im Grunde alle das Gleiche wollen: Liebe und Glück. Doch es gibt unterschiedliche Wege dorthin und jeder ist legitim. Wir sollten anerkennen, dass wir aus Energie bestehen, nicht aus Gedanken.«

Gloria C. Ramirez

»Es ist die Natur des Denkens, dass wir bewerten, vergleichen, analysieren, limitieren, definieren. Das führt dazu, dass wir die Realität in Gegensätze einteilen. Wir unterscheiden zwischen Gut und Böse, Richtig und Falsch. Das kosmische Bewusstsein dagegen ist multidimensional. Es engt uns nicht ein, und daher können wir viele verschiedene Perspektiven einnehmen.«

Kiara Windrider

Überzeugungen als Gefängnis

»Gedanken sind nicht die Realität, aber sie formen die Realität. Sobald Gedanken zu festen Überzeugungen werden, ist das sehr anstrengend. Wir investieren eine Menge Energie in eine Richtung, in die diese Energien nicht gehören. So vergeuden wir unsere einzigartige Essenz.«

Jackie O' Keeffe

»George I. Gurdjieff sagte einmal: ›Die Menschen leben in einem selbst geschaffenen Gefängnis. Den meisten reicht es, die Möbel in diesem Gefängnis umzustellen, und sie nennen das Freiheit.‹ Anstatt die Welt so wahrzunehmen, wie sie ist – geheimnisvoll, lebendig, glänzend, unvorhersehbar – haben die meisten von uns ihre Glaubenssätze verinnerlicht. Wir ziehen es vor, in unseren Glaubenssätzen zu leben, statt in der Realität selbst.«

Arjuna Ardagh

»Als Kinder verinnerlichen wir Programme, die uns das Leben und seine Bedeutung erklären. Wir übernehmen sie von Lehrern, zu denen auch die Eltern gehören. Gleichzeitig lernen wir, dass es für jede Frage Fachleute gibt, die alles wissen – während wir scheinbar nichts wissen. Deshalb stellen wir diese Fachleute auch nicht infrage.«

Bruce Lipton

Erwachen heißt, sich der übernommenen Programme
und Überzeugungen bewusst zu werden.

Stellen wir uns vor, was alles außerhalb unserer
Überzeugungen existiert: Energien, Informationen,
Liebe, Freude, Glück.

»Man hat Naturvölkern, die noch keine Berührung mit
der Zivilisation hatten, Fotografien mit Menschen gezeigt.
Doch sie erkannten nichts auf den Fotos, weil sie sich
nicht vorstellen konnten, dass man Menschen auf diese
Weise abbilden kann. Was wir daraus lernen: Wir sehen
nur die Realität, an die wir glauben – das heißt, wir
selektieren und filtern unsere Eindrücke so lange,
bis sie zu unseren Glaubenssätzen passen.«

Ervin László

»Wenn wir uns mit unseren Gedanken und Glaubenssätzen identifizieren, haben wir ständig Angst, etwas zu
verlieren. Statt unser Leben und unser Bewusstsein in
seiner Fülle zu erforschen, prägen wir Verhaltensweisen
des Widerstands und der Vermeidung aus. Wir haben
Angst, etwas zu riskieren – aber genau damit riskieren
wir, unser Leben zu verfehlen. Ist das nicht paradox?«

Kiara Windrider

»Du wirst deine Schuldgefühle und deine Ängste
niemals loswerden, wenn du ihnen Macht gibst.
Sie sind einfach nur eine unerwünschte Energie.
Sie sind weder gut – sodass wir sie halten sollten –
noch schlecht – sodass wir sie unterdrücken sollten.
Im Grunde sind sie Phänomene, die mit uns nichts
zu tun haben.«

Lester Crane

Vergleichen und bewerten

»Der menschliche Verstand ist so beschaffen,
dass wir vergleichen, bewerten und auswählen.
Wenn wir das allerdings ins Extrem treiben,
fangen wir an, vieles zu verurteilen und von uns
wegzustoßen.«

Kiara Windrider

»Wenn jemand einen anderen Menschen bewertet, hat er einen sehr starken inneren Kritiker. Er projiziert also seine Selbstverurteilung und seine Selbstbe- schuldigung auf jemand anders. Sobald ich bei meinen Vorträgen denke: ›Oh, das Publikum wird mich gleich bewerten‹, bin ich verloren. Also schiebe ich den inneren Kritiker beiseite und betrachte mich selbst mit Liebe und Respekt. Ich folge der Idee: Was auch immer ich bin und was auch immer ich tue, es ist gut, es ist vollkommen ausreichend.«

Thomas Young

kein Selbstbild

Das Bild, das wir normalerweise von uns haben,
ist im Grunde ein Fremdbild, kein Selbstbild.
Und es ist geprägt von Ängsten.

»Im Laufe der Jahre bilden wir allmählich eine
Persönlichkeit aus. Doch sie ist nicht das Ich. Sie ist,
psychologisch gesprochen, unser Ego. Wir verwechseln
also unser Ich mit unserem Ego. Und das ist ein Konstrukt
aus Gedanken und Glaubenssätzen.«

Maika Suneagle

»Man sagt uns, Bewertungen seien ein Zeichen von Intelligenz und dass wir sie brauchen. Doch Bewertungen können sowohl einen Prozess der Abgrenzung als auch einen Prozess der Annäherung in Gang setzen. Der Unterschied besteht in nur drei Wörtern: ›*Just like me* – so wie ich.‹ Du kannst sagen: ›Sie ist dumm.‹ Damit grenzt du dich ab. Füge hinzu: ›so wie ich‹ und die Abgrenzung löst sich auf. Du kannst sagen: ›Er ist nett – so wie ich. Sie ist schön – so wie ich. Er ist dominant – so wie ich.‹ Drei Wörter reichen aus, um das Verbundensein zu spüren. Nur drei Worte, und wir leben in einer anderen Welt.«

Arjuna Ardagh

Unsere Archetypen

»Wir tragen viele Vorstellungen und Konzepte mit
uns herum, die uns in eine bestimmte Richtung drängen.
Deshalb sage ich: Vergiss die Konzepte und vertraue nur
auf das, was du fühlst! Fühlt es sich gut an, dann ist es
gut für dich.«

Gloria Ramirez

Wenn man das, was ist, permanent mit den eigenen inneren Bildern vergleicht, kann man das Wunderbare, das einem gerade gegeben wird, nicht wertschätzen und lebt buchstäblich am Glück vorbei.

»Viele Menschen haben genaue Vorstellungen davon, wer sie sein sollten, und sogar davon, welche Gefühle sie haben sollten. Sie denken, sie müssten stets freundlich, mitfühlend, gut, geduldig und fleißig sein. Doch dann kommen Tage, an denen sie sich grantig, faul, ängstlich, verletzt, verlassen oder eifersüchtig fühlen, und sie denken: Das ist nicht okay. Also unterdrücken sie diese Gefühle und setzen eine Maske auf. Die anderen merken das meist gar nicht, weil sie selbst eine Maske tragen. So endet alles in einem großen Karneval, auf dem jeder vorgibt etwas zu sein, das er gar nicht ist.«

Kiara Windrider

»Der Verstand identifiziert sich gern mit Vorstellungen
und Funktionen, die Rollen festlegen: Ich bin Frau,
Tochter, Mutter, Vater, Akademiker, Straßenbahnschaffner.
Damit scheint alles festgelegt: was man zu tun und zu
lassen hat, wie man sich gibt.«

Rich Si Windelov

Das Problem ist, dass wir selbst und die Welt um uns
herum sehr eindimensional werden, sobald wir alles nur
durch die Filter unserer Archetypen bewerten.

»Ich kann mir vornehmen: Ab jetzt identifiziere ich mich
nicht mehr mit Gedanken, Überzeugungen, Bewertungen
und Archetypen und reduziere auch andere nicht mehr
darauf. Ich werde mir von nun an immer bewusst
machen, wer ich wirklich bin und wer du wirklich bist.
Dann läuft alles auf eins hinaus: Liebe.«

Gloria C. Ramirez

Unsere Gefühle als Reiseführer

Ich habe große Angst

Gefühle wie Angst, Einsamkeit und Schuldbewusstsein werden durch traumatische Erfahrungen in uns abgespeichert. Wir müssen weit, weit zurückgehen, um an die Quellen dieser Gefühle zu gelangen.

»Die ersten sechs Jahre der Kindheit sind eine geradezu hypnotisierende Zeit: Alles, was das Kind beobachtet, wird wie ein Programm heruntergeladen und installiert. Ein Vater sagt zu seinem fünfjährigen Jungen: ›Du bist nichts wert!‹ Und weil das Unterbewusstsein keine Vergangenheit und keine Zukunft kennt, sondern nur die Gegenwart, bestimmt dieses Programm ein Leben lang das Jetzt dieses Menschen, selbst wenn er irgendwann ein Mann von 50 Jahren ist.«

Bruce Lipton

»In dem Moment, in dem ich mich an meine Vergangenheit erinnere, ist die Vergangenheit keine Vergangenheit mehr, denn ich erinnere sie im Jetzt. Damit kann ich sie aber auch hier und jetzt verändern.«

Canamay-Te

Ängste, die mit unseren Überzeugungen und inneren Bildern zusammenhängen, sind psychologische Ängste. Sie haben nichts mit realen Gefahren zu tun, sondern entstehen durch negative Erwartungen.

»Einige Dimensionen der Angst sind ganz natürlich. Wenn du spätnachts in New York eine dunkle Straße entlanggehst und Schritte hinter dir hörst, ist Angst eine intelligente Reaktion, denn sie schärft deine Sinne. Doch es gibt auch eine Form der Angst, die dazu führt, dass du dir Dinge vorstellst, die nie passiert sind und nie passieren werden. Dann läufst du vor Dingen weg, die nur in deinem Geist stattfinden. Das Beste ist: Dreh dich sofort um und schau der Angst ins Gesicht! So wird sie fassbar und du kannst sie auflösen.«

Arjuna Ardagh

»Unser Planet steht gegenwärtig verstärkt unter dem Einfluss kosmischer Energien. Sie zwingen uns, die Masken abzunehmen. Dies geschieht auf der kollektiven, aber auch auf der persönlichen Ebene. Aus diesem Grund kommen jetzt so starke Gefühle zum Vorschein, die lange unter den Teppich gekehrt wurden, nun aber im Licht des erwachenden Bewusstseins an die Oberfläche drängen.«

Kiara Windrider

Ängste können heilsam sein. Sie zeigen uns unser Spiegelbild, verzerrt von Furcht und Hilflosigkeit. Das ist der Weckruf: Sei bereit für die Veränderung.

»F-E-A-R sollte für mich bedeuten: *feeling excited an ready* ›das Gefühl, aufgeregt und bereit zu sein‹. Dann kann ich den ersten Schritt in ein neues Leben tun, in ein Leben voller Wunder und Freude, aufgeregt und begeistert wie ein Kind.«

Neale Donald Walsch

»Wenn du dich selbst erkennst und bereit bist,
die Erfahrung der Angst zuzulassen, hat das einen
positiven Nebeneffekt: Du hast immer weniger Angst,
weil du die Angst vor der Angst verlierst. Normalerweise
sind wir durch die Angst so paralysiert, dass wir die Augen
verschließen. Wenn du aber genau hinsiehst, entspannst
du dich und stellst fest: Oh, da ist ja gar nichts!«

Padma Wolff

Ich bin so wütend

»An der eigenen Wut festzuhalten ist, wie ein glühendes Stück Kohle anzufassen in der Absicht, es auf jemanden zu schleudern: Du bist derjenige, der sich verbrennt.«

Buddha

»Emotionen sind dafür da, dass wir wahrnehmen, inwieweit wir mit uns selbst im Reinen sind, inwieweit wir unsere Bedürfnisse leben. Wenn wir starke negative Emotionen haben, dann sind wir ganz weit von uns selbst entfernt. Und dann wollen diese Emotionen uns sagen: ›Achtung, schau mal hin!‹«

Esther Kochte

»Wir leben in einer Gesellschaft, die uns permanent zu bestimmten Zielen drängt und uns mit Standards, Normen und Kategorien konfrontiert. Du solltest die Vorstellung loslassen, dass du perfekt bist. Mach deinen Frieden damit, dass du ein wunderbar unperfektes menschliches Wesen bist, das in jedem Moment das Leben umarmt und nicht dagegen ankämpft.«

Thomas Young

Viele Eltern glauben, dass sie ihre Kinder lebenstauglich machen, indem sie ihnen Glaubenssätze in Bezug auf Leistung und Perfektion mitgeben. Doch damit machen sie ihre Kinder nur systemtauglich.

»Wenn wir leiden, hat das auch mit unseren Erwartungen zu tun. Du willst, dass die Dinge in einer bestimmten Weise laufen. Und wenn das nicht passiert, kommen das Leiden und der Schmerz. Wirklich frei bist du nur, wenn du nichts erwartest. Dann kannst du auch nicht wütend oder enttäuscht sein. Anstelle der ganzen Projektionen machst du dir bewusst: Es ist egal, was passiert. Es stellt das an mir, was ich wirklich bin, nicht infrage.«

Mooji

»Sobald etwas in unserem Leben quer schießt, sind wir nicht mehr in unserer Mitte. Dann haben wir uns von unserem Selbst entfernt und in irgendetwas verstrickt, zum Beispiel in die Erwartungen anderer Menschen. Wenn wir aber mit unserem Innersten im Einklang sind, dann synchronisiert sich alles so, wie wir es ersehnen. Dann haben wir liebevolle Menschen um uns, die uns bestätigen, die uns helfen und die uns das Gefühl vermitteln: Ja du bist wertvoll. Dann kommen auch die materiellen Dinge zu uns, und alles gelingt – weil wir uns unserer inneren Schöpferkraft und unserer Wertigkeit bewusst sind.«

Esther Kochte

Ich fühle mich schuldig

Schuldgefühle sind ein emotionales Muster, mit dem
wir auf Abwertung reagieren. Gleichzeitig übernehmen
wir damit die Verantwortung für alles Schlechte,
das noch kommen könnte.

»Das Verantwortungsgefühl ist eine sehr verhängnisvolle
Emotion, denn es führt sehr schnell zu einer Vorstellung
von Schuld.«

Thorsten Brügge

»Viele Religionen lehren, dass wir nach dem Bild Gottes erschaffen wurden, aber ich denke, es passierte genau umgekehrt: Wir haben die Vorstellung von Gott nach unserem eigenen Bild erschaffen. Und so stellen wir uns Gott als patriarchalisches Wesen vor – ein Wesen außerhalb der Kreation, das uns in jedem Moment beobachtet und über uns urteilt. Wir leben in ständiger Angst vor Bestrafung, anstatt zu erkennen, was für wundervolle, multidimensionale, strahlende Wesen wir sind.«

Kiara Windrider

Ich bin ganz allein

Auf sich allein gestellt zu sein, ist ein Grundgefühl in unserer modernen Gesellschaft. Viele Menschen geben ihrer Arbeit und ihrem Beruf Priorität und vernachlässigen darüber ihre privaten Bindungen und werden einsam.

»Viele der großen Weltreligionen sagen uns, wir seien nicht eins mit Gott. Sie reden uns ein, dass der Tod unserer Beziehung zu Gott schon vor unserer Geburt begonnen hat. So wachsen wir in dem Glauben auf, wir seien getrennt von allem, was ist.«

Neale Donald Walsch

»Wenn wir uns vom Universum getrennt fühlen,
nehmen wir uns nur noch als winzige Teilchen wahr,
die gegen alles andere ankämpfen müssen. Deshalb
haben wir permanent Angst. In dem Moment jedoch,
in dem mir bewusst wird, dass ich zum Universum
gehöre, ja, dass ich selbst ein Universum bin – so wie
in jedem Punkt eines Hologramms das Ganze enthalten
ist – fühle ich mich eins mit allem. Ich fühle mich eins
mit Gott und mit den Menschen meines Lebens. Dann
kann ich weder etwas verlieren noch verlassen werden.«

Gloria C. Ramirez

»Eine Veränderung kannst du nicht dadurch herbeiführen, dass du dich gedanklich damit auseinandersetzt oder einen Selbsthilfe-Ratgeber liest, denn in diesem Fall beschäftigt sich nur dein Verstand damit. Doch der Verstand lernt anders als das Unterbewusstsein. Auch wenn wir theoretisch wissen, dass wir unglücklich sind und ein besseres Leben haben wollen, können wir nichts ändern, weil unser Verhalten im Unterbewusstsein wurzelt. Nur fünf Prozent unserer Entscheidungen werden vom Verstandesbewusstsein gesteuert, 95 Prozent dagegen von alten Glaubenssystemen in unserem Unterbewusstsein.«

Bruce Lipton

st immer klüger

Der Verstand ist immer klüger. Er hat immer einen Glaubenssatz parat, mit dem er schlüssig erklären kann, warum eine Veränderung nicht möglich ist (»Der Job macht mich krank, aber ich habe keine Alternative.«) Deshalb müssen wir unsere Gefühle beachten. Sie sind Botschaften aus dem Unterbewusstsein.

»Wenn wir unseren emotionalen Urgrund bereinigen, also unsere Mangelgefühle auffüllen, verschwinden automatisch auch die Glaubenssätze, die daran gekoppelt waren.«

Esther Kochte

Die Ursachen unseres Leidens

Im Widerstand leben

Oft bauen wir unbewusst Widerstand gegen genau die Menschen und Erfahrungen auf, die uns die lang ersehnte Veränderung bringen könnten.

»Widerstand bedeutet, dass du dich gegen alles stemmst, was gerade passiert. Wenn du aber eine Veränderung allein durch Ablehnung durchsetzen willst, veränderst du nichts — du bleibst nur im Muster des Widerstands.«

Jackie O'Keeffe

»Das Einzige, was uns davon abhält, das Licht zu umarmen, ist unser eigener Widerstand dagegen. Ängste und Ablehnung basieren alle auf unseren Glaubenssystemen, auf den Dramen, die wir im Unterbewusstsein abgespeichert haben.«

Kiara Windrider

»Ich habe immer die Wahl: Entweder akzeptiere ich, was geschieht, oder ich beschließe, es nicht zu mögen. Klar, ich kann es verurteilen, ich kann es hassen. Aber dann bin ich in meiner Überzeugung eingesperrt. Deshalb sage ich: Entscheide dich dafür, die Dinge in Liebe zu akzeptieren, dann zeigen sie sich dir in ihrer ganzen Schönheit. Du hast die freie Wahl.«

Rich Si Windelov

Andere beschuldigen

Das Beschuldigen anderer geht meistens mit Selbstmitleid und Resignation einher. Deshalb ist es ein sehr starker Sabotagemechanismus. Wir erleben uns als klein und hilflos, ohne selbst nach Lösungen zu suchen.

»Sobald mir jemand etwas Schreckliches antut, fühle ich mich als besserer Mensch, im Vergleich mit dem Täter. Er soll sehen, wie traurig ich bin und welch großartige Person er da verletzt hat. Was die meisten Menschen nicht verstehen, wenn es ums Verzeihen geht: Auf diese Weise kann ich diesen selbst erschaffenen Teil meiner Persönlichkeit (den scheinbar moralisch Überlegenen) hinter mir lassen.«

Demian Lichtenstein

Indem wir es ablehnen, jemandem zu verzeihen, holen wir uns eine permanente Verletzung ins Jetzt. Wir verkennen, dass die Vergangenheit vergangen ist und das Jetzt eine andere Qualität hat.

»Wir denken, es sei ein bestimmter Mensch,
dem wir verzeihen oder dem wir verzeihen sollten.
Aber auf einer höheren Ebene ist Verzeihung immer
Selbstvergebung – sie ist der eigentliche Kern der Sache.
Wenn wir verzeihen, vergeben wir uns das, was wir
gedacht und nicht gedacht haben, was wir gesagt und
nicht gesagt haben. Vergebung ist der Pfad zur Freiheit.«

Niurka

Solange wir uns nicht lieben können, können wir auch niemandem verzeihen. Fangen wir also bei uns selbst an: Verzeihen wir uns.

»Stell dir alles vor, was du liebst: deinen Freund, deinen Partner, deinen Hund. Halte dieses Bild. Nun füge in dieses Bild jede beliebige Person ein, die dich jemals verletzt hat oder auf die du wütend bist. Entscheide dich ganz bewusst sie zu lieben. Das verändert alles: die Art, wie du denkst, wie du fühlst, wie du wahrnimmst, die Art, wie du alle Erfahrungen deines Lebens machst.«

Maika Suneagle

Die Vergangenheit festhalten

»Es gibt einen amerikanischen Indianerstamm, der nach drei einfachen Regeln lebt: *Bedauere nicht die Vergangenheit.* Die Vergangenheit ist vergangen – du kannst sie nicht ändern, also zerbrich dir nicht darüber den Kopf, sie ist vorüber. *Zerbrich dir nicht den Kopf über die Zukunft.* Sie kommt sowieso, ganz egal, ob du dir darüber Sorgen machst oder nicht. Und: *Ehre den Moment.*«

Thomas Young

Erinnerungen sind wie Filter, die sich über die Gegenwart legen. Sie ziehen uns energetisch in die Vergangenheit und blockieren unsere Wahrnehmung dessen, was im Jetzt geschieht.

»Es ist, als führe ich auf der Autobahn meines Lebens und täte nichts anderes, als die ganze Zeit in den Rückspiegel zu starren. So baue ich garantiert einen Unfall. Und was mache ich? Ich steige wieder ins Auto und baue den nächsten Unfall. Trotzdem tue ich immer das Gleiche: Ich schaue in den Rückspiegel meiner Vergangenheit, die auf mich einhämmert. Das ist der sicherste Weg, die eigentliche Bestimmung des Lebens zu verfehlen. Also, wenn du für immer an deine Vergangenheit gefesselt sein willst, dann hör nicht auf, darüber zu reden.«

Demian Lichtenstein

Die Vergangenheit hat nicht nur Ereignisse im Gepäck, sondern auch alle alten Überzeugungen und Bewertungen. Immer, wenn du die Stimmen der Vergangenheit hörst, beobachte sie genau – und wende dich dann der Gegenwart zu.

»Diese ganze Maschinerie aus Denken, Wollen und Erinnern ist wie ein Papagei, der dir auf der Schulter sitzt. Du kannst ihn nicht abstellen, weil du durch die Natur deines Verstandes so programmiert bist. Du wirst sogar selbst zum Papagei, der immer wieder dasselbe sagt. Doch du kannst etwas dagegen tun, indem du dir bewusst machst, dass es so ist. Dann bist du nicht länger der Papagei, sondern wirst zu seinem Beobachter.«

Arjuna Ardagh

»Wie wir das Jetzt erleben, entscheidet darüber,
wie wir das nächste und das übernächste Jetzt
wahrnehmen. Wenn wir die Entscheidungen,
die wir gerade treffen, auf der Vergangenheit
aufbauen, erschaffen wir die Vergangenheit noch
einmal, und jeder Moment des Jetzt wird von
Gefühlen bestimmt, die der Vergangenheit angehören.«

Maika Suneagle

Immer neue Wünsche haben

So wie uns der Papagei immer wieder an die Vergangenheit erinnert und alte Ängste heraufbeschwört, lenkt er unseren Blick auch auf die Zukunft, indem er sagt: »Die Vergangenheit war schlecht und die Gegenwart ist von ihr infiziert, also stecke deine ganze Energie in die Zukunft. Plane, wünsche, gib dich nicht mit dem zufrieden, was ist...«

»Wünsche haben eine gewisse Magie. Wir laufen ihnen hinterher, weil wir, unmittelbar nachdem ein Wunsch in Erfüllung gegangen ist, Ruhe empfinden. Wir denken dann, es liege an dem erfüllten Wunsch. Doch das ist ein Irrtum. In Wahrheit kommt die Ruhe daher, dass wir für einen Moment frei von Wünschen sind. Bis sich der nächste Wunsch meldet.«

Jackie O'Keeffe

Amerikanische »Zen-Touristen« fragen den Zen-Meister: »Meister, was ist dein Geheimnis, wie kannst du so sein?« »Das ist ganz einfach. Wenn ich sitze, sitze ich. Wenn ich aufstehe, stehe ich auf. Wenn ich gehe, gehe ich und wenn ich esse, esse ich.« Da sagen die Touristen: »Das kann es nicht sein, das machen wir auch.« »Nein, nein«, sagt der Meister. »Wenn ihr sitzt, denkt ihr ans Aufstehen. Wenn ihr aufsteht, denkt ihr ans Gehen. Wenn ihr geht, denkt ihr schon ans Essen, und beim Essen denkt ihr schon an irgendwas.«

nach Ruediger Dahlke

»Sich ganz auf das Jetzt zu konzentrieren bringt Frieden. Die unablässigen Aktivitäten des Verstandes kommen zum Erliegen. Wir haben eine Seite in uns, die sich ganz auf den Moment einlassen kann, und eine andere, die alles kontrollieren will. Aber wir haben immer noch unser Ich. Es braucht keine bestimmte Methode. Es muss nur die Aufmerksamkeit von der imaginären Vergangenheit und der imaginären Zukunft auf das Jetzt lenken.«

Maika Suneagle

Wenn wir unglücklich sind, müssen wir sofort etwas ändern. Wir sollten nicht auf einen passenden Moment in der Zukunft warten, denn der wird nie kommen.

»Solange wir Wünsche haben, sind wir Bettler. Wir sind dann so sehr darauf konditioniert, immer irgendetwas zu brauchen, dass wir zu bedürftigen Wesen werden. Aber deine natürliche Existenz braucht nichts. Du hast den ganzen Reichtum des Seins in dir, nichts fehlt.«

Mooji

Wir sind mehr, als nur Körper – viel mehr

Bewusstsein und Körperbewusstsein

»Wir kennen den Placeboeffekt. Gib jemandem eine Tablette, die aus reinem Zucker besteht, und lass ihn glauben, dass es ein Medikament ist. Er wird gesund. Weniger bekannt ist der Noceboeffekt. Ein negativer Gedanke wirkt genauso stark auf den Körper wie ein vermeintliches Medikament, aber in entgegen gesetzter Richtung: Ein negativer Gedanke kann dich töten. Ein positiver Gedanke kann dich heilen.«

Bruce Lipton

Bewusstsein

Wenn wir uns klarmachen, dass wir im vorbewussten Zustand voller negativer Gedanken sind, wundern wir uns nicht mehr darüber, dass so unendlich viele Menschen unter Krankheiten leiden.

»Der Körper ist eine Bühne für Stücke, die im Bewusstsein nicht mehr gegeben werden. Aus irgendwelchen Gründen hat man im Laufe seiner Entwicklung gemerkt, dass es zwar bestimmte Probleme gibt, dass es aber unangenehm ist, sich damit zu beschäftigen. Dann wird das verdrängt und es entsteht ein Schatten. Doch irgendwann manifestiert sich der Schatten als Krankheit. Dann habe ich die Chance, den Schatten zu verstehen und wieder ins Bewusstsein zu holen.«

Ruediger Dahlke

Im Laufe unseres Lebens machen wir alle mehr oder weniger viele Erfahrungen des Mangels.

»Es kann vorkommen, dass jemand in einer Familie mit vielen Geschwistern aufgewachsen ist und als Kind immer das Gefühl hatte: Ich bekomme nicht genug. Später, als Erwachsener, wird er dieses Gefühl weiterhin haben, selbst wenn er inzwischen schwerreich geworden ist. Das kann sich zum Beispiel auf sein Essverhalten auswirken. Dann geht er plötzlich in die Fülle. Über diese Fülle kann man dann ans eigentliche Thema herankommen: die Erfüllung, die natürlich etwas Geistig-Seelisches ist.«

Ruediger Dahlke

»Seit Millionen Jahren wissen Menschen, dass sie sich selbst heilen können. Doch heute haben wir gelernt, dass Krankheit eine Aufforderung ist, zum Arzt zu gehen. Wenn Mama krank ist, geht sie zum Arzt. Das lernen schon kleine Kinder. So wird dieses Verhalten zu einem Programm: Wenn ich krank bin, heile ich mich nicht selbst, sondern überlasse das einem Arzt. Die witzige Wahrheit ist: Die Überzeugung ist so stark, dass viele Leute sich schon besser fühlen, wenn sie im Wartezimmer sitzen. Schließlich haben sie die oberste Regel befolgt: Geh zum Arzt!«

Bruce Lipton

Krankheit und Heilung

Bewusstsein und Körperbewusstsein hängen unmittelbar zusammen. Ich kann meinen Körper in einem Zustand wunderbarer Kraft und Gesundheit halten, indem ich ihn mit positiver Energie versorge.

»In meiner Arbeit als Heiler habe ich beobachtet, dass seit Jahren gelähmte Menschen plötzlich ihren Körper wieder spürten. Ihre Nerven regenerierten sich und sie begannen wieder zu gehen. Wenn wir die limitierenden Überzeugungen unseres Unterbewusstseins loslassen, kann die erschaffende Kraft das Ruder übernehmen. Und wenn wir uns mit dem kosmischen Bewusstsein verbinden, betreten wir eine multidimensionale Wirklichkeit, in der alle Dinge gleichzeitig möglich sind. Mit der Kraft unseres erwachten Bewusstseins können wir dann die Wirklichkeit wählen, die wir erschaffen möchten.«

Kiara Windrider

Wir können unser Energiepotenzial ständig erweitern, wenn wir in Freude leben. Dann aktivieren wir auch heilende Frequenzen.

Das Geheimnis besteht darin, mit dem Körper zu arbeiten und nicht gegen ihn. Indem ich die Krankheit bekämpfe, bekämpfe ich auch den Körper.

»Leute sprechen zum Beispiel über Krebs in Begriffen, die an Krieg erinnern: ›Wir attackieren ihn, wir zerstören ihn.‹ Die Sprache, die wir verwenden, ist tödlich. Wir könnten aber auch in Begriffen denken, die an ein Spiel erinnern und jede Aggression auflösen. Wir spielen mit dem Körper und er spielt mit.«

Fred Donaldson

Wenn wir Krankheit und Schmerz ablehnen, lehnen wir im Grunde uns selbst ab. Dann können wir uns auch nicht selbst heilen.

»Jedes Symptom beinhaltet eine Frage, die wir uns stellen sollten: Wem kann ich verzeihen? Was sollte ich loslassen? Was sollte ich noch umfassender in die Liebe einschließen, aus der ich bestehe? Jede Krankheit ist eine Chance, uns selbst voller Liebe und Mitgefühl zu betrachten. Deshalb sollten wir uns nicht so sehr auf die Heilung der Krankheit konzentrieren, sondern auf die Heilung unseres Geistes, unserer Gefühle und unserer Seele.«

Gloria C. Ramirez

»Bei der Heilung geht es um Evolution – darum, dass die Menschen ihr bestes Potenzial zum Vorschein bringen, sei es im Beruf oder in der Familie. Dann gesunden sie ganzheitlich.«

Eric Pearl

»Im Prozess des erwachenden Bewusstseins tauchen alle alten Schatten noch einmal auf. Doch wenn das Licht darauf fällt, lösen sie sich auf. Je höherfrequent und stärker das Licht wird, desto natürlicher gerät alles in Fluss. Deshalb brauchen wir uns vor diesem Prozess nicht zu fürchten. Aber wir müssen bereit sein, den Schritt ins Unbekannte zu gehen. Dann können wir die Ängste loslassen, die dabei entstehen.«

Kiara Windrider

Ernährung und Energie

Nahrungsmittel, die im Einklang mit den natürlichen Gesetzen des Lebens entstehen, unterstützen unseren Energiehaushalt. Werden sie noch dazu mit Liebe und Hingabe zubereitet, lassen sie den Körper höher schwingen.

»Alles auf dieser Welt trägt eine Information in sich. Nichts geschieht, ohne dass eine informelle Energie- übertragung stattgefunden hat. Alles auf dieser Welt ist miteinander verknüpft.«

Ervin László

Ernährung und

»Der Mensch ist, was er isst.« Liest man diesen Satz nicht mit ganz anderen Augen, wenn man weiß, dass uns jeder Bissen nachweislich mit geistiger Energie beflügeln kann?

Die Ernährungsindustrie hat natürlich großes Interesse daran, dass wir uns mit schlechtem Essen zufrieden geben. Der Siegeszug des Fast Food gehört sicherlich zu den absurdesten Errungenschaften unseres westlichen Lebensstils.

»Unsere Gesellschaft hat ein Gefühl des Mangels erzeugt, aus dem sich Geld machen lässt. In dem Buch *Fast Food Nation* las ich, dass viele Gründer von Fast-Food-Ketten Waisen waren. Sie wuchsen in Waisenhäusern auf, wo sie nicht von ihren Müttern gestillt werden konnten. Deshalb haben sie diese bunten, süßen Ersatzbefriedigungen erfunden.«

Daniel Pinchbeck

»Luft zu atmen, die nicht vergiftet ist, gesunde Nahrung zu essen, die vor unserer Haustür wächst, gibt uns positive Schwingungen, Freude und Energie, um das Glück auf Erden zu erschaffen. Wir sind alle an dem Punkt, wo wir diese Entscheidung treffen können, als Individuen und auch als Kollektiv. Und jeder, der diese Entscheidung trifft, hat meine höchste Anerkennung.«

Maika Suneagle

Endlicher Körper und ewige Seele

»Wenn wir glauben, dass wir unser Körper sind und uns mit dieser Überzeugung identifizieren, ist das gleichbedeutend mit der Geburt des Egos. Daran knüpfen sich weitere Konzepte, die uns einschränken. Sie hindern uns daran, die Unterschiedlichkeit und Fülle alles Seienden zu erfassen.«

Mooji

nd ewige Seele

»Wir leben jetzt in einer neuen Ära, dem Zeitalter der Information. Es eröffnet uns ganz neue Möglichkeiten. Wir spüren den Drang, neue Möglichkeiten zu entdecken, wir wollen unser Denken und Fühlen erweitern. Das schaffen wir aber nur, wenn wir unsere Glaubenssysteme ergründen und die Art und Weise, wie sie in uns verankert sind. Dann verstehen wir, dass sie uns zu dem gemacht haben, was wir Persönlichkeit oder Ego nennen.«

Maika Suneagle

Verbundenheit

»Als ich mich mit der Frage auseinandersetzte, warum unsere westliche Welt aus dem Gleichgewicht geraten ist, kam ich auf ein interessantes Phänomen. Ich glaube, das ist in der Art begründet, wie wir mit den Babys umgehen. Kleine Kinder werden in indigenen Kulturen immer am Körper getragen, sodass sie den Herzschlag der Mutter hören. Deshalb sind die Menschen in Afrika, Südamerika oder auf Bali so viel glücklicher, obwohl sie in Armut leben. Es liegt an dieser authentischen Verbundenheit, die sie als Kinder erfahren haben.«

Daniel Pinchbeck

Awake – unser Bewusstsein erwacht

Wir sind der Wandel

Es ist offensichtlich, dass uns unsere materiell fixierte Kultur keinen Halt mehr geben kann. Wir sehnen uns nach dem geistigen Wandel und es gibt eine immer größer werdende Zahl von Menschen, die diesen Wandel herbeiführen wollen.

»Wir haben eindeutige Hinweise darauf, dass die gesamte Menschheit jetzt eine Evolution des Bewusstseins erlebt. Immer mehr Menschen machen spontan übersinnliche Erfahrungen und werden Zeugen einer höheren Intelligenzform, die alles übersteigt, was wir als Alltagswahrnehmung bezeichnen. Die Sensibilität für solche Erfahrungen wird stärker und beeinflusst auch andere. Auf diese Weise wird das Potenzial des kollektiven Bewusstseins erweckt. Wir nehmen uns mehr und mehr, als innerlich verbundene Menschheitsfamilie, wahr. Nur mit diesem Bewusstsein werden wir auf lange Sicht überlebensfähig sein.«

Ervin László

Während viele spirituelle Lehrer einen Bewusstseinswandel prophezeien, eine globale Transformation der Menschheit, melden sich immer wieder auch selbsternannte Propheten zu Wort, die eine Apokalypse vorhersagen.

»Manche fragen sich, ob ein einschneidender Wandel an einem ›magischen‹ Datum stattfinden wird. Deshalb nehmen sie nicht wahr, was sich schon jetzt verändert. Vermutlich werden wir in zwanzig Jahren auf die jetzige Gegenwart zurückblicken und feststellen: Damals hat sich das Bewusstsein der Menschen entscheidend erweitert.«

Eric Pearl

»Immer mehr Menschen wachen auf. Sie beschäftigen sich mit spirituellen Themen, von denen sie vor zehn Jahren noch nichts gehört haben. Die Bewegung wird größer, sie breitet sich aus. Eine große Veränderung findet statt.«

Eli Jaxon Bear

»Es geht nicht darum, den Inhalt deines Lebens zu verändern, sondern den Inhalt deines Bewusstseins. Wir müssen nicht an unseren Träumen arbeiten, wir sollten uns besser fragen: Wer oder was ist es, der sich dieses Traumes bewusst ist? Wer nimmt die Bewegung wahr? Es geht um das Jetzt, nicht um die Vergangenheit oder die Zukunft.«

Arjuna Ardagh

im Einklang

»Der Bewusstseinswandel ist der Übergang vom persönlichen Bewusstsein zum evolutionären Bewusstsein. Das mystische und spirituelle Bewusstsein ist ein großartiger Wegbereiter dafür. Doch jetzt geht es darum, dass wir mit einem erwachten Bewusstsein die Evolution in uns selbst erkennen.«

Barbara Marx-Hubbard

»Die egoistische Mentalität, die Bedürfnisse anderer und die Belange von Natur, Biosphäre und Universum zu missachten, ist eine Ausnahme in der Geschichte der Menschheit. Frühere Kulturen fühlten sich mit allem verbunden und hatten einen hohen ethischen Anspruch.«

Ervin László

Wir tragen in uns die Gabe, durch unser erwachtes Bewusstsein im Einklang mit allem zu leben. Exzessives Wachstum, Ausbeutung und Missachtung der Natur sind lediglich Ideologien, mit denen die Führungseliten ihre Gier nach Macht und Reichtum verschleiern.

Das erwachte Bewusstsein

Das erweiterte Bewusstsein entledigt sich aller Glaubenssysteme. Vor allem unsere Identifizierung mit dem Körper und dem Ego trennt uns noch vom Erwachen. Dazu gehören auch entsprechende Ängste, vor allem die Angst vor dem Tod.

»Im Grunde macht die gesamte Menschheit heute eine Nahtoderfahrung. Wir wissen, dass wir im Begriff sind, unsere Umwelt und unsere Kultur zu zerstören. Das erzeugt Todesängste. Doch die konkreten Nahtod-Erlebnisse lehren uns, dass uns solche Situationen größter Angst und Gefahr zum Licht führen. Wir sind von diesem Licht umgeben. Alles, was uns daran hindert, hinein-zutauchen, ist die Tatsache, dass wir die Herausforderung noch nicht in ihrer Gesamtheit erkannt haben.«

Barbara Marx-Hubbard

Die heute allgegenwärtigen Krisen sind also kein Zeichen für eine beginnende Katastrophe, sondern für eine kollektive Wiedergeburt. In ihnen zeichnet sich der Wandel bereits ab – vorausgesetzt, wir verstehen die Botschaft.

»Wir erleben gerade ein großes Abenteuer, einen simultanen Wandel aller Bereiche. Das fordert uns zu neuen Entscheidungen heraus. Wenn wir die richtigen Entscheidungen treffen, ist der Weg frei in ein Leben, das für alle segensreich sein wird.«

Tom Kenyon

»Die Evolution vollzieht sich zunächst in graduellen Veränderungen. Doch plötzlich kommt es zu einem Kulminationspunkt all dieser Veränderungen – und dann ist ein umfassender Wandel da.«

Kiara Windrider

Wir alle können unser Energiefeld reinigen. Dann haben wir die Fähigkeit, die Energien des Wandels und des Neuaufbaus in den großen Transformationsprozess einfließen zu lassen.

Erwachende Potenziale

»Unser Körper hat sich in den vergangenen 100.000 Jahren praktisch nicht verändert. Was sich verändert hat, ist nicht unsere DNA, sondern die Art und Weise, wie wir sie in der heutigen Zivilisation einsetzen.«

Ervin László

Wir haben also die gleichen Körper, die gleiche DNA, wie unsere ältesten Vorfahren. Wir besitzen immer noch die physischen und mentalen Voraussetzungen, um unser Denken und Handeln im Sinne des Weltganzen einzusetzen. Deshalb können wir jederzeit zurückfinden zu der ethischen Lebensweise früherer Kulturen.

»Denken allein kann die Probleme der Zeit nicht mehr lösen. Jede vermeintliche Lösung kreiert viele neue Probleme. Es gibt keine Alternative zu einer anderen, ganzheitlichen Sichtweise.«

Kiara Windrider

»Das standardisierte Wissen beruht darauf, dass wir nur akzeptieren, was wir mit unseren Sinnen erfassen können. Aber da ist noch mehr. Wir können das Dach zum Himmel öffnen. Wir können Informationen erhalten, die jenseits von Sinnen und Verstand existieren.«

Ervin László

Wir sind umgeben von einem Energiefeld unbegrenzter Informationen. Es ist da und es ist für uns alle da. Von dort gelangen die besten Inspirationen zu uns. Wir müssen nur unser Bewusstsein dafür bereit machen, es erweitern.

Feld eintauchen

»Wir haben prinzipiell immer die Möglichkeit, tief ins universale Feld einzutauchen. Die Menschheit hat im Laufe ihrer Geschichte stets solche Erfahrungen gemacht, viel stärker, als in der Moderne. Heute unterdrücken wir diese Erfahrungen, weil wir sie nicht für möglich halten.«

Ervin László

»Wissenschaftler schätzen, dass wir nur fünf Prozent unseres Gehirns und nur fünf Prozent unserer genetischen Anlagen nutzen. Die restlichen 95 Prozent schlafen. Wir befinden uns also alle in einem tiefen Schlaf. Stell dir vor, was passieren würde, wenn wir aufwachen!«

Maika Suneagle

Jeder sollte sich fragen: Was steckt wirklich in mir? Welche Gaben habe ich noch nicht ausgelebt? Wie kann ich mich weiterentwickeln?

»Die Anzahl der Neuronen in unserem Gehirn übersteigt die Zahl bekannter Sterne im Kosmos. So, wie sich das Bewusstsein entwickelt und die kreative Herausforderung für das Gehirn größer wird, entstehen neue neuronale Vernetzungen – und das alles ist als Potenzial in unserem Hirn angelegt.«

Tom Kenyon

Die globale Transformation

Das erweiterte Bewusstsein ist ein kollektives Bewusstsein.
Es überwindet die Grenzen zwischen dem Ich und dem Wir.
Doch das alles bleibt graue Theorie, wenn wir es nicht fühlen.
Wir müssen es erfahren, tief in uns. Dann spüren wir, dass wir
einem großartigen universellen System aus Energien und
Informationen angehören.

»Im Allgemeinen werden sich Menschen erst ab dem
dritten Lebensjahr ihrer selbst bewusst. Vielleicht sind sie
bis dahin in Welten zu Hause, die wir überhaupt noch
nicht erfassen können. Mit der Selbsterkenntnis wird der
Schleier des Vergessens über diesen Zustand gelegt. Erst
wenn wir reifer sind, können wir uns dem vergessenen
Weltwissen wieder zuwenden. Ohne ein erwachtes
Bewusstsein würde es uns überfordern.«

Dieter Broers

»Wir bestehen aus sehr vielen unterschiedlichen Ebenen. Wir haben sogar mehrere Körper: den physischen, den mentalen, den emotionalen und den ästhetischen Körper. Darüber liegen mehrere Schichten des Seelenköpers. Erst wenn wir uns all dieser Ebenen bewusst sind, verbinden wir uns mit unserem höheren Selbst, unserer Göttlichkeit. Dann werden wir zum Lichtkörper auf einer sehr hohen Frequenz.«

Kiara Windrider

»Als ich zum ersten Mal dem Licht gegenüberstand, dachte ich: Vielleicht gibt es einen Gott, auch wenn ich nicht mal an ihn glaube – oder hat das meine ganzen Probleme verursacht? Wie jeder gute Atheist bestritt ich die Existenz Gottes. Aber dann kam das Licht, und ich fragte es: ›Bist du Gott?‹ Das Licht antwortete: ›Ich kenne dich ganz genau, ich bin die Über-Seele, die Quelle allen Seins.‹ Und wenn die Quelle zu dir spricht, verstehst du sie sofort, ohne jede Verwirrung. Wieder fragte ich: ›Bist du Gott?‹ und das Licht antwortete: ›Wer oder was ist nicht Gott?‹ Da verstand ich, dass jede einzelne Entscheidung, jedes Ding im Universum Gott ist.«

Mellen-Thomas Benedict

»Es ist so faszinierend, dass das Bewusstsein neue
Körper erschaffen wird. Jede einzelne Zelle verhält
sich ja wie ein Körper. Und so, wie sich einst aus
den Einzellern erst Amphibien, dann Reptilien,
Vögel und schließlich Säugetiere entwickelten,
wird auch unser Zellsystem komplexer werden.
Das geschah schon bei der Entwicklung vom
Homo erectus über den Neandertaler bis zum
Homo sapiens. Die nächste Stufe der Evolution
wird der ganzheitlich bewusste Mensch sein:
der Homo universalis.«

Barbara Marx-Hubbard

rper erschaffen

»Im vierten Stadium werden wir eine völlig neue Realität entdecken, weil wir mit unserem multidimensionalen Bewusstsein viel mehr wahrnehmen können. Dies ist der Moment, in dem wir das erschaffende Bewusstsein erlangt haben werden. Dann wird sich eine planetare Evolution ereignen.«

Kiara Windrider

Wir manifestieren eine neue Erde - jetzt!

Die Weisheit des Herzens

»Die Zellen deines Herzens sind, evolutionär gesehen, viel älter, als die Zellen deines Gehirns. Dein Herz ist gleichbedeutend mit der Weisheit des Universums und es ging dem Gehirn um Jahrmillionen voraus.«

Mellen-Thomas Benedict

»Biologen fanden heraus, dass das menschliche Herz
sein eigenes, unabhängiges Nervensystem besitzt.
Es ist ein komplexes System, das man ›das Gehirn des
Herzens‹ nennt. Es gibt mindestens vierzigtausend
Neuronen – also Nervenzellen – im Herzen, so viele
wie in den Bereichen des Gehirns, die unter der
Hirnrinde liegen. Die Signale, die vom Herzen zum
Gehirn gesendet werden, beeinflussen viele Gehirn-
areale, wie beispielsweise die Amygdala, den Thalamus
und den Cortex.«

Doc Childre und Howard Martin

Hören wir auf unser Herz, sind wir in der Liebe. Hören wir auf unseren Verstand, grenzen wir uns ab.

»Wenn der Kopf sagt: ›Ich will Ferrari fahren‹ und der Bauch sagt: ›Du Loser wirst nie einen Ferrari fahren‹, werden wir tatsächlich nie Ferrari fahren. Der Bauch braucht erst das Gefühl: Ja, ich bin wertvoll! Und wenn der Bauch das hat, dann braucht der Kopf auch meist gar keinen Ferrari mehr.«

Esther Kochte

»Die Arbeit, die wir tun, kommt aus dem Herzen und aus der Intuition. Das ermutigt mich und gibt mir die Kraft, aus dieser Haltung heraus mein Leben und meine Arbeit zu bewältigen. Weil ich ein sozial orientierter Unternehmer bin, der immer den Nutzen für alle im Blick hat, wird meine Arbeit so geschätzt, und deshalb steht sie unter einem guten Stern. Also folge deinen Träumen und deinem Herzen bei allem, was du tust.«

Agung Prana

s dem Herzen

»Dir wurde dein Herz gegeben, damit du den tieferen Sinn deiner Wahrheit verstehst. Das Herz befindet sich in einem Raum, in dem du dein höheres Sein visualisieren kannst. Deine Gefühle werden dadurch auf eine höhere Ebene gebracht, und dadurch stehen dir auch Energien aus dieser höheren Sphäre zur Verfügung. Wenn du auf der höheren Ebene bist, erkennst du viel leichter die Bedürfnisse der Menschen, mit denen du umgehst, und du wirst sie nicht mehr als Widerspruch zu deinem eigenen Leben empfinden.«

Eric Pearl

Das Prinzip der Resonanz

»Die Welt ist wirklich unser Spiegel. Ich sehe mich und spiegle mich in all dem, was draußen ist. Das wird uns morgens bei der Morgentoilette durchaus bewusst. Da schauen wir hinein in diesen Spiegel, und uns ist völlig klar, dass das griesgrämige Gesicht unseres ist. Wir fangen ja auch nicht an, den Spiegel zu schminken, denn wir wissen: Der Spiegel ist eine Projektionsfläche für unser Gesicht. Kaum sind wir aber raus aus dem Bad, haben wir das vergessen. Da sagen wir dann zu jemandem: Warum bist du denn heute so grantig? Wir realisieren nicht mehr, dass wir nur unseren eigenen Ärger spiegeln.«

Ruediger Dahlke

»Was wir uns ersehnen, kann nur funktionieren, wenn wir mit der Energiequalität, die wir dem Gewünschten beimessen, in absoluter Resonanz stehen. Aus Mangel kann nur Mangel resultieren – nach dem Resonanzprinzip. Das ist immer spiegelbildlich zu verstehen: Wenn ich glücklich bin, passieren mir glückliche Dinge, wenn ich unglücklich bin, unglückliche Dinge.«

Esther Kochte

Es ist ein Trugschluss zu glauben, wir könnten unerlöst durchs Leben gehen, mit Schuldgefühlen und Ängsten beladen, und dürften trotzdem auf Erlösung hoffen.

»Nichts von dem, was wir denken und fühlen, bleibt in unserem Orbit. Wir koppeln es ungefiltert ins morpho-genetische Feld ein – in genau der Form, wie wir es denken und fühlen. Man kann das mit dem Signal eines Radiosenders vergleichen. Dabei ist entscheidend, mit welcher Intensität dieses Signal gesendet wird. Insofern ist unser Gehirn eigentlich nichts weiter als ein elektro-magnetischer Sender und Empfänger. Die Sendeleistung aber wird definiert durch unsere Gefühle. Wenn ich irgendeinen Gedanken einfach so dahindenke ohne jedes Gefühl, dann habe ich auch eine sehr geringe Sende-leistung. Lege ich aber eine große Emotion hinein, dann habe ich eine entsprechend hohe Sendeleistung.«

Dieter Broers

»Jahrhundertelang haben wir das Wort *Ich* benutzt und deshalb von *meinem* Leben, *meinem* Auto, *meinem* Geld und *meiner* Beziehung gesprochen. Richten wir also unsere Aufmerksamkeit auf unser Selbst. Der Klang des Selbst ist da. Wer hört ihn? Versuche es herauszufinden. Nicht intellektuell, sondern intuitiv. Müssen wir denken, um den Klang zu hören? Müssen wir uns anstrengen oder eine Entscheidung treffen, um es zu tun? Gibt es deiner Erfahrung nach eine Verzögerung zwischen dem Sound und deiner Wahrnehmung? Vielleicht entdeckst du jetzt, dass dieses intuitive Hören ohne Gedanken abläuft, es ist zeitlos und anstrengungslos. Der Klang, werter Freund, das bist du.«

Arjuna Ardagh

»Erwachen und Transformation bedeutet, dass ich mir bewusst werde: ›Okay, ich hatte diese Programme, aber sie sind nicht ich.‹ Der erste Schritt ist, wieder die Hoheit über sich selbst zu gewinnen und zu sagen: ›Okay, wenn ich meine Wirklichkeitswahrnehmung selbst erschaffe, kann ich sie auch verändern!‹«

Niurka

Die universale Liebe

»Angst ist das Gegenteil von Liebe. Haben wir Angst, dann verkrampfen und verengen wir uns. Spüren wir Liebe, dann weiten wir uns und fühlen uns entspannt, voller Freude. Wenn du dieses Gefühl in eine größere, allumfassende Liebe verwandelst, nennen wir das erleuchtet oder göttlich. Wir sind transzendente Wesen und wir sollten uns immer an die göttliche Herkunft unserer Seele erinnern – nicht in arroganter oder selbstverliebter Weise, sondern mit der Gewissheit, dass wir diese Göttlichkeit teilen und dass jedes menschliche Wesen Zugang dazu hat.«

Thomas Young

Ablehnung und Verurteilung nehmen sehr viel Kraft weg. Wir müssen Energie mobilisieren, um uns abzutrennen, weil das nicht unserer natürlichen Veranlagung entspricht. Wenn wir jedoch in Liebe leben, werden sehr viele Energien frei, die durch Abgrenzungen gebunden waren.

»Was ich auf dem evolutionären Weg der Menschheit entdeckte, war die Art und Weise, wie sich unsere Beziehungen verändern. Wir entfernen uns immer mehr vom egoistischen Selbst und nähern uns dem essenziellen Selbst, das durch eine höhere Macht erweckt wird. Und dieses Selbst ist reine Liebe. In dem Maße, in dem ich diese Essenz in mir zulasse, kann ich die Liebe auch nach außen zeigen. Alles, was du vielleicht darüber gelesen hast, wird Realität, und du entwickelst dein göttliches Potenzial.«

Barbara Marx-Hubbard

»Einer der Gründe, warum ich mich der Liebe hingeben kann, war, dass ich so viel mit Kindern gespielt hatte. Sie trainierten mich so gut, dass ich mich völlig anders verhielt – die Art, wie ich mit meinem Körper umging, aber auch die Art, wie mein Gehirn arbeitete. Die Neurowissenschaften haben belegt, dass unser Gehirn gleichsam einen Schalter hat, mit dem wir den Verstand mit all seinen erlernten Programmen ein- und ausschalten können. Wenn das Gehirn die neurochemischen Botenstoffe produziert, die mit der Liebe verbunden sind, kann mich nichts mehr ängstigen. Das Einzige, worum ich mich kümmern muss, ist, meine Liebesfähigkeit zu trainieren.«

Fred Donaldson

»Wir sind Götter, und ich komme als Freund. Ich werde einen Platz für dich schaffen, und du bist eingeladen, dich dort niederzulassen. Nimm es als Zeichen unserer evolutionären Bestimmung – wir können uns als fortgeschrittene Version unserer selbst begegnen.«

Barbara Marx-Hubbard

Das vereinte Feld

»Unser Körper endet nicht an der Hautoberfläche –
die Erde, ja, der gesamte Kosmos ist unser erweiterter
Körper, daher sind wir ohnehin eins. Was der Körper uns
persönlich durch eine Krankheit zeigt, zeigt uns das
erweiterte System im Außen.«

Dieter Broers

»In unserem Gehirn gibt es kleine Magnetitkristalle,
die sich gerade entsprechend der sich verändernden
elektromagnetischen Felder ganz neu ausrichten.
Plötzlich nehmen wir viel mehr wahr, unser Bewusstsein
erweitert sich radikal. Die Filtersysteme fallen und
dadurch kommen lang verdrängte, unterbewusste
Altlasten – die Leichen im Keller – hervor. Das ist
unsere kollektive Chance zur Heilung destruktiver
Verhaltensmuster.«

Dieter Broers

»Wenn wir unser Bewusstsein erweitern von der
Ich-Ebene in das Allbewusstsein, dann geht das
mit veränderten Gehirnwellen einher. Im normalen
Wachbewusstsein des Alltags sind wir im Betazustand
mit 14 bis 28 Zyklen pro Sekunde. Wenn wir in die
Thetaebene gehen, ist das gleichbedeutend mit einem
erweiterten Bewusstsein. Dann verlangsamen sich
die Gehirnwellen bis zu einer Frequenz von vier bis
acht Zyklen pro Sekunde. Das entspricht der Grund-
schwingung der Erde, der sogenannten Schuhmann-
Frequenz von 7,8 Hertz.«

Esther Kochte

»Diese Strahlungen verändern die Aktivitäten der Sonne und damit verändern sie auch das elektromagnetische Feld der Erde. Wir beobachten zurzeit, dass sich die Pole verschieben. Der Nordpol ist in der jüngsten Vergangenheit jährlich um siebzig bis achtzig Kilometer gewandert, so schnell wie nie zuvor – ein Zeichen dafür, dass ein Polsprung bevorsteht.«

Kiara Windrider

»Wir geraten damit auf eine kollektive Ebene, die Ebene der Schöpfung. Deshalb können wir das, was wir dort erleben, auf einer symbolischen Handlungsebene verändern. Und anschließend können wir dann auch die sogenannte äußere Realität verändern.«

Esther Kochte

Weise verhalten

»Durch Katastrophen kommen oft die besten Eigen-
schaften der Menschen zum Vorschein. Menschen
möchten einander helfen, sie möchten Gutes tun, und
eine Notfallsituation gibt ihnen Gelegenheit dazu. Alle
Unterschiede und Konflikte werden auf der Stelle nichtig.
Die Botschaft, die uns die Erde jetzt vermittelt, lautet:
Es ist an der Zeit, dass wir uns zueinander auf wirklich
menschliche Weise verhalten. Es ist an der Zeit, eine völlig
andere, bisher noch unbekannte Realität, zu erschaffen.
Die Konflikte und Kriege auf dieser Welt sind nichts
weiter, als erlernte Muster – und wir können diese
Muster ändern.«

Maika Suneagle

Danke für eure Reisebegleitung

Arjuna Ardagh

Der Begründer des »Awakening Coaching Trainings« und Autor von *The Translucent Revolution* lehrt, wie man das erwachende Bewusstsein im Alltag umsetzt – auch in den »Deeper Love«-Seminaren, die er mit seiner Frau Chameli Gad Ardagh gibt. Er lebt in Nevada City, Kalifornien.
www.arjunaardagh.com

Mellen-Thomas Benedict

Mellen hatte Krebs im Endstadium, als er 1982 eineinhalb Stunden lang klinisch tot war. Über seine Nahtoderfahrung hat er einen berührenden Bericht geschrieben, in dem er von dem Licht erzählt, dem er begegnete. Heute ist er vollständig geheilt. Er lebt auf Big Island, Hawaii.
www.mellen-thomas.com

Dieter Broers

Als Biophysiker hat Dieter Broers eingehend die Wirkung elektro-
magnetischer Felder auf biologische Systeme erforscht. Seither
veröffentlichte er zahlreiche Werke über das spirituelle Erwachen,
unter anderem *(R)evolution 2012* und *Das Geheimnis des Matrix
Code*. Er lebt in Österreich und Griechenland.
www.dieter-broers.de

Torsten Brügge und Padma Wolff

Die Bodhisattva Schule von Torsten Brügge und Padma Wolff steht
seit vielen Jahren für die Vermittlung spiritueller Selbsterforschung.
Das Paar unterstützt Menschen dabei, ihre innere Freiheit und ihren
inneren Frieden zu entdecken. Sie leben in Hamburg.
www.bodhisat.de

Canamay-Te

Seit ihrer Begegnung mit einem hohen Eingeweihten folgt Canamay-Te ihrem spirituellen Pfad und erforscht unter anderem das Zeitbewusstsein. Die diplomierte Sozialpädagogin arbeitet daneben im Lern- und Wissensmanagement, sowie als Persönlichkeitscoach. Sie lebt in Hamburg.
www.canamay-te.de

Ruediger Dahlke

Der Arzt und Psychotherapeut Ruediger Dahlke hat sich in über 40 Büchern mit den Weckrufen des Körpers auseinandergesetzt. Werke wie *Krankheit als Symbol* zeigen, dass Krankheiten eine Aufforderung zur umfassenden Transformation sind. Er lebt in Österreich und auf Bali.
www.dahlke.at

Nassmin Haramein

Bereits mit neun Jahren entwickelte Nassmin Haramein die Basis seiner »Unification Theory«. Heute leitet er die »Resonance Project Foundation«, die es sich zum Ziel gesetzt hat, Wissenschaft und moderne Technologie zu vereinen, um Lösungen für die Energiekrise auf unserem Planeten zu finden. Er lebt auf Hawaii.
www.theresonanceproject.org

Eli Jaxon-Bear

Eli Jaxon-Bear ist ein spiritueller Lehrer, der sich mit dem Ego, als Quelle des Leidens beschäftigt. In seinen Seminaren lehrt er, durch Selbstbefragung und die Erweckung des Bewusstseins jede Identifizierung mit dem Ego loszulassen, und damit alle blockierenden Fixierungen. Er lebt in Ashland, Oregon.
www.leela.org

Tom Kenyon

Der Klangheiler Tom Kenyon gründete 1983 das »Acoustic Brain Research«, um die heilende Wirkung von Tönen und Musik auf das menschliche Bewusstsein zu erforschen. Regelmäßig leitet er Klangheilungsseminare in den USA, Europa und Asien. Er lebt auf Orcas Island, Washington.
www.tomkenyon.com

Esther Kochte

Die Autorin und Bewusstseinstrainerin Esther Kochte entwickelte eine mentale Technik, die mit der transformativen Kraft der Thetawellen arbeitet. Auf diese Weise werden verdrängte Traumata bewusst, und es setzt eine ganzheitliche Heilung ein. Sie lebt in Berlin.
www.thetafloating.com

Ervin László

Der Wissenschaftsphilosoph Ervin László thematisiert in seinen Büchern das Verhältnis von Geist und Bewusstsein und ihre Beziehung zu einem übergeordneten Energiefeld. Die Erkenntnisse seiner Arbeit fasste er in seiner »Großen vereinheitlichten Theorie« zusammen. Er lebt in Italien. www.ervinLászló.com

Demian Lichtenstein

Demian Lichtenstein wurde bekannt durch seinen Film *Die Gabe – Discover the gift* und das gleichnamige Buch. Im Mittelpunkt seiner Überlegungen steht das Motiv der Vergebung. Darin sieht er die Chance, sich von Blockaden zu befreien und seine besondere Gabe zu leben. Er lebt in Kalifornien. www.die-gabe.com

Bruce Lipton

In seinem Hauptwerk *The Biology of Belief* erläutert der Biologe Bruce Lipton die Funktion des zellulären Bewusstseins. Er zeigt, dass negative Überzeugungen zu Blockaden und Krankheiten führen, und wie man durch heilende Überzeugungen Gesundheit und Freiheit erlangt. Er lebt in den USA. www.brucelipton.com

Barbara Marx-Hubbard

Die Politikwissenschaftlerin und Zukunftsforscherin Barbara Marx-Hubbard ist die Präsidentin der »Foundation of Conscious Evlution«. In Büchern wie *Die Bewusstseins-Evolution* sucht sie nach ganzheitlichen Antworten auf die globalen Zukunftsfragen. Sie lebt in Santa Barbara, Kalifornien.
www.barbaramarxhubbard.com

Mooji

Mooji fand seinen spirituellen Meister in Sri Harilal Poonja, Papaji genannt. Durch ihn erlebte er einen umfassenden Wandel seines Bewusstseins und lernte das »Advaita«, eine Methode der Selbsterkundung, die zur »Weisheit des Selbst« führt. Seither gibt er Seminare. Er lebt in London.
www.mooji.org

Niurka

Die Weisheit des Herzens und die Einheit von Körper und Geist
sind die Themen der Transformationstrainerin Niurka. Sie lehrt,
wie man in den Energiefluss kommt und mit dem Bewusstsein
sein Umfeld verändert. Sie lebt in Dana Point, Kalifornien.
www.niurkainc.com

Jackie O'Keeffe

Jackie O'Keeffe hält weltweit spirituelle »Satsangs« ab, die auf
der Methodik von Frage und Antwort beruhen. Ihr liegt an einer
ganzheitlichen Heilung. So interpretiert sie psychische Störungen
beispielsweise nicht als Anzeichen von Krankheit, sondern als
Signal eines erwachenden Bewusstseins.
www.jackieokeeffe.com

Eric Pearl

In seinen »The Reconnection«-Seminaren arbeitet Eric Pearl mit
heilenden Energien. Während seiner Tätigkeit als Chiropraktiker
entdeckt er den Einfluss des erweiterten Bewusstseins und schrieb
zahlreiche Bücher über Bewusstsein und Selbstheilungskräfte.
Er lebt in Los Angeles, Kalifornien.
www.thereconnection.com

Daniel Pinchbeck

In seinem Buch *2012: Die Rückkehr der gefiederten Schlange* und seinem Film *2012: Time for Change* erforscht Daniel Pinchbeck die Prophezeiungen der Maya und sagt eine Evolution der Menschheit voraus – basierend auf einem neuen Verständnis von Intuition und Realität. Er lebt in New York.
www.evolver.net

Gloria Cecilia Ramirez

Gloria Cecilia Ramirez ist überzeugt davon, dass wir alle fähig sind, das in uns schlummernde unendliche Potenzial zu erwecken. Die diplomierte Psychologin und Autorin vereint in ihrer Arbeit die Bereiche von Spiritualität, NLP, Psychologie und Motivationstraining. Sie lebt in Kolumbien.

Maika Suneagle

In seinem Konzept »Ascension to Love« verarbeitet Maika Suneagle seine jahrelangen Erfahrungen mit ganzheitlicher Heilung und spirituellen Prophezeiungen. Das Ziel sind die Aktivierung des vollen menschlichen Potenzials und ein Leben im Einklang mit der Natur. Er lebt auf Hawaii.
www.ascensiontolove.com

Neale Donald Walsch

Neale Donald Walsch gründete die Bewegung »Humanity's Team«. In Büchern, wie *Gespräche mit Gott* entwirft er ein neues Gottesbild und eine Spiritualität der Zukunft – denn er glaubt an den menschlichen »Hunger nach neuen Lebenswegen in Frieden und Harmonie«. Er lebt in den USA.
www.nealedonaldwalsch.com

Rich Si Windelov

Der Energiearbeiter, Heiler und Schamane Rich Si Windelov hat vielen Menschen geholfen, ihre Selbstheilungskräfte zu aktivieren und sogar Krebserkrankungen zu heilen. In seinen Seminaren spielt Yoga eine große Rolle, als Weg, die Liebe in sich selbst zu finden. Er lebt in Neuseeland.

Kiara Windrider

Kiara Windrider widmet sich der Heilung durch eine Methode der Energieübertragung, die er »Ilahinoor« nennt. Der Psychotherapeut und Heiler beschreibt sie in seinem Buch *Deeksha – Energie des Erwachens –,* als eine Initiation in das Feld der intelligenten kosmischen Energie. Er lebt in Indien.
www.deekshafire.com

Thomas Young

Der Mystiker Thomas Young bezeichnet sich als »Herzlehrer«. In seinen Seminaren erinnert er die Menschen an die Kraft, die sie in ihrem Herzen aktivieren können. So erleben sie eine Transformation – individuelle Seelenkraft und radikale Präsenz. Er lebt auf Big Island, Hawaii.
www.thomasyoung.net

»Awake regt mit wundervollen Bildern dazu an,
das eigene Erwachen bewusst zu erleben.«

Ruediger Dahlke

Awake – DVD
Ein Reiseführer ins Erwachen
Spielzeit: 100 Minuten
ISBN 978-3-941837-59-1

Awake
Ein Reiseführer ins Erwachen
Das Praxisbuch mit vielen Tools
Klappenbroschur, 224 Seiten,
durchgehend vierfarbig
ISBN 978-3-941837-58-4

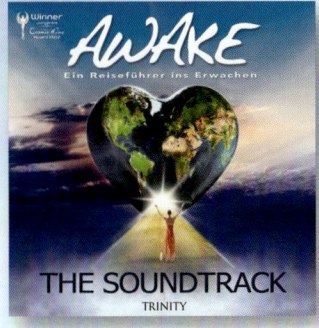

Awake – The Soundtrack - CD
Ein Reiseführer ins Erwachen
Spielzeit: 70 Minuten
ISBN 978-3-941837-82-9

Awake – Meditationen und Tools – CD
Ein Reiseführer ins Erwachen
Spielzeit: 60 Minuten
ISBN 978-3-941837-83-6

www.awake-der-film.de

 www.facebook.com/AwakeEineReiseinsErwachen

 www.youtube.com/awakederfilm